AF600966

Mis DE L'ESTOURBEILLON
DÉPUTÉ DU MORBIHAN

LE RÉGIONALISME
ET
LA FRANCE DE DEMAIN

VANNES. — IMPRIMERIE DU COMMERCE.

1918

L'IDÉE RÉGIONALISTE

ET

LA FRANCE DE DEMAIN

Depuis bientôt trois années que dure le terrible conflit qui met aux prises presque toutes les nations européennes, nombre de penseurs envisageant notre mentalité et notre situation morale d'avant-guerre, sont fatalement amenés à se poser cette question : Que sera Demain ? — Le renouveau qui s'imposera ne fera-t-il pas surgir une mentalité nouvelle et les besoins multiples de réorganisation de la Patrie ne nécessiteront-ils pas des modifications profondes dans les divers organismes de la Nation ?

Pour peu que l'on regarde autour de soi, on ne tarde pas à s'apercevoir que ce serait une singulière aberration de ne point répondre par l'affirmative.

Que si déjà la France meurtrie songe aux moyens de panser ses blessures, elle songe non moins dans tous les milieux qui réfléchissent à réparer ses erreurs et ses fautes, à se pénétrer d'une compréhension plus nette de ses intérêts et de ses besoins et recherche déjà tous les moyens propices au nouvel essor de la vie nationale.

Mais il apparaît aussitôt à nombre d'individus, qu'à des besoins nouveaux, doivent correspondre des organisations nouvelles ; qu'il serait impossible de se mouvoir et de tenter tout effort utile dans les anciens cadres administratifs qui enserrent le Pays comme une camisole de force, et que la Centralisation à outrance, si en faveur avant la guerre et personnifiée par les formules intangibles d'un rigoureux Etatisme, paralyserait toute tentative de Résurrection et équivaudrait à un arrêt de mort.

Dès lors éclate la nécessité de briser ces cadres, et l'Idée Régionaliste apparaît aussitôt à beaucoup comme le seul flambeau capable de les éclairer et susceptible de les guider dans les voies nouvelles.

Le Régionalisme ! — Vaine chimère, disaient les uns avant la guerre ; dangereuse utopie, clamaient les autres ! — Et voilà qu'à la lumière des faits et sous la pression des évènements, la vérité surgit de toutes parts, et comme le jeune poussin brisant sa coque, commence à rompre les cloisons qui l'étouffent.

C'est que cette idée répond vraiment à un besoin national qui ne peut avant longtemps manquer de recevoir sa réalisation. N'est-elle pas, en effet, la triple expression : du réveil des caractères, c'est-à-dire du sens racique des populations ; — de notre préoccupation de revivre à l'aide de notre développement économique ; — de la reconnaissance aussi, de l'impuissance des vieux cadres surannés et d'une bureaucratie tyrannique et routinière, incapable de nous frayer ces voies nouvelles vers lesquelles la Nation va se sentir invinciblement entraînée ?

Le Régionalisme organisé constitue donc une perspective grosse de conséquences qu'il faut de toute nécessité envisager et étudier dès à présent pour être prêt à y répondre et à entrer dans cette voie inéluctable pour en largement bénéficier.

J'entends bien que, grâce à maints préjugés d'avant-guerre, bien des gens enlisés dans leurs habitudes, profondément imbus des doctrines administratives dont la réalisation leur a toujours semblé l'ordre le plus enviable et le *nec plus ultra* de l'organisation, ne peuvent se faire encore à l'idée d'une pareille transformation. — Habitués à se laisser vivre sans efforts sous la tutelle d'une sorte d'Etat-Providence, qui sur un simple signe, à l'aide d'une unique circulaire, provoque sur une question déterminée, d'un bout à l'autre du territoire, les faits et gestes de tous les citoyens, sans nécessiter pour eux le moindre effort de pensée ou la plus petite initiative, une telle réforme leur apparaît comme un véritable bouleversement révolutionnaire, presque susceptible de porter atteinte à l'unité nationale. — N'ayant point aperçu encore le développement quotidien de l'Idée Régionaliste et le mouvement irrésistible qui entraîne de plus en plus tous les bons esprits à sa suite ; ne se rendant point compte, que si l'Etat centralisateur peut et sait parfois administrer, il ne possède point cette puissance créatrice qui vivifie et fortifie les peuples, et qui ne peut être que la résultante du caractère et du tempérament propres à chaque Région, ils ne peuvent la concevoir encore comme l'une de ces solutions et de ces conséquences nécessaires d'après-guerre qui ont déjà commencé à tellement s'imposer dans tous les milieux, même les plus réfractaires, qu'on a vu le Parlement lui-même, il y a quelques années si hostile, ne pas hésiter à mettre cette question à l'étude au sein de sa propre Commission d'administration générale.

Point n'est cependant encore vaincu leur étonnement et en désespoir de cause, on les entend parfois poser cette ultime question qui leur paraît fort difficile à résoudre et à laquelle nous voudrions répondre aujourd'hui :

« Est-il vraiment possible en brisant une grande partie des anciens cadres administratifs de faire accepter une transformation de la France en régions et de faire admettre l'idée régionaliste et l'organisation régionale par la grande majorité d'un peuple, qui non seulement n'en soupçonne pas les conséquences et la portée, mais qui par principe lui est demeuré depuis un siècle complètement hostile ?

Or, non seulement cette objection ne doit laisser subsister le moindre doute dans les esprits, mais le Régionalisme n'a aucune crainte sérieuse à concevoir à cet égard.

Bien mieux, nous estimons pour notre part que l'Idée Régionaliste et son application répondront à un tel besoin qu'elles seront accueillies avec faveur et même reconnaissance par la grande majorité de la Nation ; et notre conviction est basée sur ce fait indéniable, que, sans trop souvent s'en douter, les Français sont essentiellement particularistes et partant, Régionalistes de tempérament et de caractère, et qu'il n'est guère de parties du territoire où ne se retrouvent plus ou moins accentués les tendances et le caractère ethnique.

Il suffit de parcourir nos vieilles Provinces pour être tout de suite édifié à cet égard. N'avons-nous pas constaté depuis trois ans le très grand succès recueilli par les conférences régionalistes de M. Jean Hennessy ? — Pour nous, chaque fois qu'il nous a été donné de parler de la Réorganisation Régionale, de la nécessité urgente de se débarrasser des cadres des départements, de rompre les mailles d'une administration paralysante et oppressive, il n'est pas une localité, où nous n'ayions rencontré aussitôt les sympathies les plus vives pour les idées que nous exprimions. — Bien plus, ces vues nouvelles semblaient à nos auditeurs comme une révélation et nous avons eu la joie de constater le réveil des mêmes enthousiasmes, dès que nous faisions vibrer la corde locale, aussi bien en Armagnac que dans la Bresse, en Languedoc et en Provence qu'en Poitou et dans notre vieille Bretagne.

C'est donc tout simplement un mouvement d'opinion à créer et développer par une active propagande et en instruisant celle-ci à la lumière des faits. Bien des gens demeurent encore persuadés que la Réforme administrative, que la Réorganisation Régionale sont l'affaire du Parlement et surgiront tout à coup, un beau jour, des délibérations des Chambres. — C'est bien peu connaître la mentalité de nos législateurs qui, même animés du ferme désir de réaliser une réforme dans ce sens, sont demeurés encore trop esclaves de leurs soucis électoraux et de maints préjugés politiques, pour accomplir *seuls*, efficacement et en toute indépendance, une réforme aussi capitale. Nous demeurons convaincus qu'ils y seront absolument obligés, contraints, dans un délai assez bref, mais nous croyons aussi qu'ils ne s'exécuteront et n'auront la perception très nette des besoins du Pays et des nécessités de l'heure nouvelle, que quand ils s'y verront irrésistiblement poussés et conduits par un profond mouvement d'opinion et un sentiment public qui saura leur dicter leur Devoir. — Toutefois, ne nous berçons point non plus de vaines chimères. Quelque grande que soit la faveur rencontrée par l'Idée Régionaliste après la guerre, ces sentiments risqueraient de n'être qu'éphémères, si l'on ne comptait que sur nos actuelles générations pour les asseoir d'une façon inébranlable sur le sol de la Patrie. Pour assurer l'avenir et l'efficacité de l'Idée nouvelle, il faut qu'elle sache implanter profondément ses racines au sol de France, et qu'elle se développe dans le cœur de l'enfant pour y puiser cette sève vivifiante qui centuplera sa force et assurera son avenir. Il faut que nos jeunes générations, orientées vers des horizons plus clairs, aient une vision plus nette et plus complète des réalités de la vie, de la nécessité d'un foyer et d'une vie plus intense, parce que plus localisée, et sentent le besoin d'un Idéal,

Qu'est-ce à dire, sinon que le Régionalisme doit être aussi un facteur capital de l'Education ?

Or, avant la guerre, la mentalité était exactement aux antipodes de l'Idée Régionaliste, aussi bien chez la plupart des maîtres que chez la presque totalité des élèves, et c'est là le premier mal qu'il importera de combattre, car les aspirations de l'enfance tracent généralement sa voie à la mentalité de l'avenir.

C'est là un fait incontestable que l'éducation antirégionaliste est nettement hostile à la terre et souvent au foyer ; elle est la source première d'où découlent tous les désirs et toutes les idées néfastes qui incitent à l'abandon et à la désaffection du coin de terre où l'on est né. Elle a pour résultat de détourner, de dégoûter l'enfant de son milieu, de ses traditions et de son village, et devient la principale cause génératrice de cette dépopulation des campagnes qui conduirait rapidement le Pays à sa ruine si, après la Paix, les mesures les plus énergiques n'étaient prises, pour la sérieusement enrayer.. — Dans maintes écoles, les habitudes du foyer, l'attachement à la ferme, à la paroisse, ou à ses usages étaient traités avec dédain, quand parfois ils n'étaient pas bafoués ; et à peine sorti de l'enfance, dès que l'élève à sa douzième ou treizième année, se voyait en possession de son fameux certificat d'études — pauvre petit ! — il se croyait déjà trop souvent un véritable phénomène, et sa petite cervelle regardant avec un navrant dédain son entourage ne songeait qu'au jour de ses rêves où il pourrait gagner la ville pour y remplir un emploi quelconque.

En orientant l'enfance vers de pareilles pratiques, est-il de meilleur moyen de cultiver, de développer l'égoïsme individuel tout en détruisant dans les jeunes intelligences les germes essentiels de cet idéal, aliment nécessaire du sens moral et de la conscience, vivifiant aiguillon du Patriotisme. — A l'école comme au sein de nombreuses familles, on s'appliquait à inculquer à l'enfant cette idée : qu'il fallait vivre sa vie ; comme si, être originellement isolé dans la création, il pourrait faire fi allègrement de toute la chaîne des traditions auxquelles se rattachait sa vie ; comme si, rien ne devait compter pour lui, au pays qui l'avait vu naître et dans la collectivité parmi laquelle il était appelé à se mouvoir et prendre sa place.

Que de maux, que de folies sont dues à ces malfaisantes erreurs !

Mais voici que grâce à la guerre, sous le coup de fouet des événements et à la lumière des malheurs publics, la conscience française semble vouloir sortir de ce pénible cauchemar. A son douloureux réveil lui apparaît la nécessité de s'engager dans des sentiers nouveaux et elle se demande, avec angoisse, si elle ne s'est pas cruellement trompée.

Hélas, oui ! — Il y a des réalités qui, de tout temps, à un moment donné s'imposent. — Il faut refaire une France nouvelle, ou plutôt remettre notre vieille et glorieuse Patrie dans la voie de ses destinées, dont un fatal entraînement l'avait momentanément écartée.

Et pour y parvenir, le meilleur, le plus sûr

moyen sera de ne point laisser s'échapper cette heure essentiellement propice. C'est le devoir impérieux de tout bon Français, de tout éducateur, soucieux du relèvement et de la grandeur de la Patrie, de travailler à instaurer autour de lui cette mentalité nouvelle ; d'inculquer fortement dans le cerveau et au cœur de l'enfant l'amour du sol natal, de son foyer, de sa province ; de l'attacher fortement à ses traditions et à ses usages, en lui en montrant, non seulement l'intérêt et la beauté, mais en lui faisant comprendre qu'il doit dans ce coin de terre occuper sa place, et qu'en n'y remplissant pas son rôle, il y créerait un vide qui constituerait de sa part une véritable désertion. Il importe de le convaincre et pénétrer de cette idée ; que tout cela constitue un idéal qu'il a le devoir de défendre et un ensemble de richesses qui sont portions essentielles du patrimoine national. Ainsi éclairées, se sentant de plus en plus appuyées par un sentiment public fortifié et mieux averti, les jeunes générations ne pourront manquer de saisir combien la vie locale, la vie régionale est génératrice de l'intensité de la vie nationale ; combien son développement est indispensable à la rénovation et à la prospérité du Pays. Pénétrés, dès lors, de toute la noblesse de leurs vieilles traditions, de la sécurité bienfaisante, du bien être et des joies intimes que leur assurera leur attachement à la ferme ou à l'atelier familial, d'innombrables déclassés ne viendront plus, comme par le Passé, encombrer les villes. Le désir de plus en plus insatiable, non pas du confortable, ce qui est juste, mais d'un luxe démoralisateur, presque toujours décevant, cessera vraisemblablement d'envahir peu à peu tous les milieux et l'on verra disparaître cette horreur grandissante de l'*effort*.

Mais ne l'oublions pas, l'heure est pressante ; d'un jour à l'autre peuvent se précipiter les événements et il appartient aux apôtres de l'Idée Régionaliste de ne point laisser la France meurtrie se réveiller un jour, sans but, désemparée et sans programme de réorganisation. De là dépend le *Salut de la Patrie*

Ils seraient bien coupables, et leur responsabilité serait grande, si par d'incessants labeurs, ils ne le préparaient pas dès maintenant.

DU CARACTÈRE

DE LA

VRAIE DÉCENTRALISATION

Réformes administratives ou Réorganisation du Pays

Il est nombre d'individus qui, faute de bien connaître le véritable caractère de la décentralisation, confondent trop souvent encore le *Régionalisme*, dont ils se disent pourtant partisans, bien qu'ils en demeurent fort éloignés, avec un ensemble plus ou moins étendu de *réformes administratives*, proposées de temps en temps par les gouvernants comme des cautères pour les blessures nationales, mais qui ne sauraient en rien modifier le fond des choses et apporter des remèdes efficaces aux maux dont nous souffrons.

Décentraliser, « c'est le fait pour le pouvoir central de déléguer (suivant la définition du maître Ch. Brun,) aux divers organismes du pays, une partie des attributions qu'il exerce » ; mais c'est aussi (si l'on veut connaître ce qu'est le Régionalisme au regard de la *Décentralisation*), la *faculté* ou mieux le *droit absolu* pour les divers territoires du Pays, de s'organiser et s'administrer eux-mêmes, selon leurs tempéraments, leurs affinités, leurs besoins, leurs traditions et leur caractère à l'aide d'une *autonomie morale* et *administrative reconnue*.

Tel est pour les Régionalistes intégraux le caractère de la vraie décentralisation qui ne saurait se traduire autrement que par le *Régionalisme* et la seule manière dont il faut l'envisager.

Faute de cette autonomie, tous les systèmes proposés, toutes les modifications tentées pour substituer aux rouages multiples de l'actuel organisme, des suppressions ou des changements plus ou moins étendus, pourront parfois peut-être apporter quelques utiles réformes, trop tôt altérées sous la pression de la routine renaissante, mais demeureront virtuellement incapables de procurer au Pays cette renaissance et cette vie nouvelle dont il a besoin.

Rien ne le saurait mieux démontrer que les multiples tentatives d'un grand nombre de lois ou de propositions fort variées, élaborées ou votées par nos Parlements successifs ou soumises à leur examen par des hommes plus ou moins animés de l'esprit régionaliste, mais qui toutes, tout en améliorant certains détails de notre législation, ou étendant quelque peu le pouvoir de tels corps constitués ou de telles organisations, n'en ont pas moins laissé *inorganisés* les divers pays du territoire, *inconstituées* ces régions, organes respiratoires, organes vitaux de la Nation, que réclame pourtant depuis de longues années l'opinion publique avertie.

Nous en citerons comme exemples : les lois du

20 janvier 1874, du 28 mars 1822 et du 5 avril 1844, enlevant au Gouvernement la nomination des maires ; — la loi du 22 mars 1890 sur les Syndicats de communes, reconnaissant à celles-ci, le droit de s'associer pour les travaux d'utilité intercommunale ; — les lois des 12 juillet 1898, 7 avril 1902, 11 juillet 1908, augmentant les pouvoirs financiers des Conseils généraux et municipaux ; — la bienfaisante loi de 1896 sur les Universités régionales, complétée en 1902 par la réforme de l'Enseignement ; — la loi Ribot sur la petite propriété votée en 1908 ; — les lois Ruau et Lemire (1909-1912) sur le bien de famille ; — la loi Beauquier sur la Protection des sites, etc., etc., — puis, d'innombrables propositions de loi relatives : à l'organisation communale, cantonale ou départementale ; — à la suppression de la tutelle administrative et à sa réorganisation (Proposition Michelin, 27 octobre 1896) ; — à l'autonomie administrative des départements (Propositions Bonnevay, Roche, Charles Benoist, Marin, Paul Beauregard, Aynard) ; — à la création des Chambres d'agriculture (Propositions Decker-David, de l'Estourbeillon, Lhopitau), — à la constitution de grandes régions se substituant aux départements, ou se superposant à eux (Propositions Hovelacque, Lanjuinais, de Ramel, Beauquier, etc. ; — au Régionalisme artistique (Propositions Lebey et Cornudet) ; — enfin, au Régionalisme économique (Proposition Hennessy).

Toutes ces lois n'ont point été évidemment sans produire quelques heureux résultats. Toutes ces propositions ont ouvert de nouveaux horizons et permis aux Régionalistes d'étendre leur champ d'études, de scruter tous les côtés de la question. Mais l'état centralisateur n'en demeure pas moins le gouffre sans fonds où viennent s'engloutir toutes les forces vives de la Nation; et comme le reconnaît lui-même M. Hennessy, dont les projets de décentralisation économique semblent être les plus tangeants à une réalisation prochaine: « L'Etat absorbe tout sans profit pour personne; il demande chaque jour davantage; il ne féconde plus, il prend. Il n'est plus une source de vie, il absorbe la vie du peuple entier et les volontés affaiblies par son omnipotence sont impuissantes à réagir ».

Voilà bien la réalité et la véritable physionomie de la question.

En se contentant ainsi d'un ensemble d'expédients variés, combien nous sommes loin de pratiquer la vraie décentration, c'est-à-dire : *le Régionalisme*.

Des palliatifs susceptibles d'une assez longue durée, comme par exemple l'Organisation économique proposée par M. Hennessy, qui n'est après tout que le cadre administratif actuel agrandi avec une représentation politique modifiée au seul bénéfice de la profession, peuvent atténuer quelque peu nos misères et desserrer momentanément les mailles de la camisole de force qui nous étreint; mais ils ne nous débarrassent point de la bureaucratie, ils l'augmentent et la perfectionnent. — En n'envisageant que le point de vue économique, ils font bon marché de la vie intellectuelle et morale de la Nation; en maintenant les anciens cadres des départements, il ne nous rendent point notre vie propre et nos libertés locales ; ils sacrifient le véritable caractère du Pays et anéantissent pour longtemps tout espoir de renaissance intégrale.

Certes, nous entendons bien les exclamations d'un grand nombre de Français qui, imbus de la tradition et des méthodes de la vieille centralisation, habitués à se laisser vivre dans le cadre et sous l'empire de règles qu'ils ont toujours pratiquées et connues, s'écrier, en même temps que beaucoup d'esprits animés de tendances décentralisatrices : « Mais où voulez-vous en venir ? — C'est donc une sorte de réorganisation complète de la France, que, brisant avec toutes nos vieilles habitudes, vous voulez instaurer de toutes pièces ! »

Quelque audacieuse que puisse leur paraître cette pensée, *à priori*, nous n'hésitons point, surtout en présence des bouleversements suscités par cette effroyable guerre et des besoins multiples avec lesquels un esprit nouveau va se trouver aux prises dans le pays, à le déclarer hautement.

Eh bien ! oui ! ce ne sont pas seulement des *réformes* qui vont s'imposer et que le Pays vous réclamera demain ; c'est un ordre de choses *complètement modifié, adéquat* à la vie nouvelle qui va s'offrir à ses aspirations et à ses désirs, répondant à la fois à toutes ses traditions et à la nécessité de son développement et à son expansion de demain, lui assurant enfin toute la somme de liberté dont il a besoin pour prospérer et se mouvoir vers un avenir qu'il souhaitera d'autant meilleur qu'il aura plus cruellement souffert.

Et c'est pour cela que la France ne peut plus se contenter de vagues réformes administratives ; que la réorganisation complète du Pays s'impose et que la *vraie décentralisation* sera personnifiée pour elle dans la *Vie régionale* et la *création des Régions*, qui, suivant l'affirmation si juste du programme de Nancy, en 1865, pourront seules rendre : « les affaires de la Commune à la commune ; celles de la Région à la région ; celles de la Nation à l'Etat ».

Ainsi garanties contre les abus du pouvoir et la tyrannie outrancière d'une bureaucratie domestiquée, les divers pays de France redevenus maîtres de leurs destinées et de leurs forces, libres de disposer de leurs ressources et de tous leurs moyens d'action selon leurs besoins, en se les appliquant à eux-mêmes sans attendre le bon plaisir et en quelque sorte les aumônes de l'Etat, sous forme de subventions et d'allocations, libres de fixer les règles de leur vie, pourront s'avancer pleins de confiance vers l'avenir et mettre tout entier au service de la Patrie le faisceau serré de leurs labeurs et les trésors de leurs richesses matérielles et morales.

CARACTÈRE

DE

L'ORGANISATION RÉGIONALE

Nécessité de l'Autonomie morale et administrative des Régions

Nous nous sommes appliqués à démontrer précédemment que si un trop grand nombre de gens n'envisageaient la Décentralisation que comme un ensemble plus ou moins complet de Réformes administratives, nous nous refusions, pour notre part, à considérer de simples modifications légales ou administratives comme une *réelle Décentralisation.* Il ne saurait y avoir véritablement *Décentralisation* dans un Pays quelconque que quand celui-ci brisant ses entraves et ses anciens moules administratifs, donne à son organisation des bases absolument nouvelles. Et dans cet ordre d'idées, toute nouvelle organisation territoriale d'un Pays en Régions ou en Provinces ne constitue une véritable Décentralisation que si elle est dotée d'une réelle *Autonomie morale et administrative.* Cette double autonomie est d'autant plus nécessaire et indispensable à la Vie de la *Région* ou de la *Province* qu'elle constitue la base même de son existence, qu'elle est sa raison d'être, la source même de ses libertés essentielles sans lesquelles elle ne peut que végéter et ne constituerait plus un territoire décentralisé. Pour qu'il le soit, il faut en effet que les trois *Unités sociales essentielles*, fonctions de son autonomie morale, soient complètement à l'abri de la tutelle de l'Etat et puissent se développer et s'épanouir sans entraves.

Et tout d'abord : l'*Unité naturelle* représentée par la *Famille*, première cellule de l'ordre social. Celle-ci, respectable, vénérable même entre toutes, ne devrait jamais souffrir aucune atteinte, et ne pas être, trop souvent, comme ces jeunes arbustes que des ronces malfaisantes recouvrent et étouffent peu à peu après s'être infiltrées à travers leurs branches. Il faut qu'elle vive et respire. Nul milieu n'a plus besoin de liberté et ne saurait moins en demeurer privé.

Or, ne la voyons-nous pas tous les jours tracassée de mille manières. N'est-elle pas à chaque instant entravée dans son action quotidienne ou paralysée dans son libre développement ?

Et ce fait est dû, comme le fait remarquer avec justesse M. de Lantivy de Trédion, dans son remarquable ouvrage : *Vers une Bretagne organisée*, à ce que la vie de famille, son ordre harmonieux et sa fonction sacrée, sont tributaires des facteurs moraux et religieux, dont non seulement et trop souvent on ne veut plus tenir compte, mais que, par surcroît, on s'applique le plus possible à éliminer. « Non content de les ignorer, constate-t-il avec raison, notre législation les combat inconsciemment peut-être, mais systématiquement ; elle fait des pères sans autorité, des mères sans sollicitude, des enfants sans respect. Elle n'a point davantage souci des conditions matériellement favorables à la stabilité d'un foyer. Les aggravations apportées au Code civil par la loi sur le divorce et tant de mesures cruellement vexatoires en matière scolaire, fiscale et successorale tendent de plus en plus à compromettre l'institution du mariage et l'existence de la famille. La crise de la Natalité, si grave et si honteuse en France, suffirait pour en témoigner. — Et ce n'est pas tout : l'abandon de plus en plus accentué des campagnes, la folie de l'émigration en masse dans les villes, soi-disant à la recherche d'un mieux être chimérique, mais en réalité du luxe, d'une indépendance désordonnée et surtout du *maximum de jouissances* avec le *minimum d'efforts* ; tout cela a constitué comme autant de sapes à la base de l'ordre social et rendu presque branlantes les règles mêmes qui doivent présider à la vie et à l'avenir de tout pays bien ordonné et soucieux de ses destinées. — Quand les droits et les libertés de la famille ne sont pas respectés, quand celle-ci ne sait plus, ou ne peut plus tenir compte de ce facteur essentiel : *L'Education*, elle est presque toujours mortellement atteinte, et sa dissociation, semblable à ces branches mortes ou pourries qui tombent d'un arbre vétuste, est pour le pays une déperdition nouvelle, un élément de force qui disparaît à tout jamais.

Or, seules, les traditions et les libertés provinciales, génératrices de l'attachement au foyer et au sol natal peuvent remédier à ces maux et fournir à nos régions, par la possession d'une sage *autonomie morale,* les solides points d'appui, seuls capables d'assurer la stabilité de la Famille et du Foyer.

Mais l'autonomie morale de la Région est non moins nécessaire pour le développement et la vie de sa seconde unité sociale essentielle : *L'Atelier* ou le *Groupement Professionnel* qui ont bien plus besoin d'organisation que de législation.

Si la législation peut et doit parfois intervenir : « pour fixer les devoirs et les droits réciproques des individus et essayer de rétablir l'équilibre dont le régime de la liberté mal comprise du travail a consommé la rupture, l'élaboration à jets continus de lois dites : *sociales*, à laquelle s'exercent à l'envie avec une égale incompétence, tous les corps législatifs, comme le fait remarquer, avec raison, le marquis de la Tour du Pin dans ses *Aphorismes de Politique sociale*, demeure impuissante à régénérer une société pétrie par l'individualisme » et beaucoup de ces lois, trop souvent, ne sont guère assimilables qu'à ces drogues plus ou moins variées qu'un médecin inexpérimenté prodigue à un malade.

L'Unité Professionnelle constituant une force capable de s'exercer, de produire sans déchets et de s'épanouir librement, n'est réalisable que par l'association, la corporation ou le syndicat et à la condition d'avoir son *autonomie,* c'est-à-dire de pouvoir vivre, elle aussi, librement dans une *circonscription déterminée.*

Or, dans nos campagnes, ces associations n'est-ce-pas nos familles rurales, soit travaillant seules sous la direction du chef de famille avec l'aide de salariés liés par un contrat librement consenti, soit groupées par certains travaux, associées pour le profit de certains avantages sous la direction de l'un de leurs membres. Et si l'on se tourne vers nos métiers urbains, la corporation ou le syndicat professionnel qui président le plus souvent aux destinées de l'atelier, ne deviennent-ils pas les soutiens naturels et les garants de sa vie propre, s'ils sont *libres* de se constituer, se développer et se mouvoir en pleine liberté dans une région bien leur, véritable reflet de leur caractère, de leurs aspirations et de leurs besoins, sans crainte pour leur sécurité du lendemain et à l'abri des jalousies de l'Etat et des tracasseries journalières d'une bureaucratie inconsciente.

Et c'est là l'une des raisons, et non des moindres, pour lesquelles *l'autonomie morale des régions* apparaît comme la condition la plus *nécessaire*, la plus *indispensable* dans leur condition, parce qu'elle est intimement liée à la solution du grand problème du travail national. Le libre développement de celui-ci, dans chaque province ou région selon ses ressources, son climat, sa situation ses moyens d'action, lui assure un merveilleux essor ; et par la noble et équitable émulation qu'il engendre met en relief et à profit toutes les qualités et les trésors du patrimoine national, tandis que, entravé sans cesse par des lois mal faites ou mal appropriées, ligoté par les mille restrictions d'un Etat centralisateur, il demeure forcément paralysé et ne peut que se réfugier dans cet individualisme désastreux qui se manifeste de plus en plus par un égoïsme féroce, et littéralement nous tue.

L'on voit dès lors que si cette seconde unité sociale, l'*Unité Professionnelle*, crée naturellement l'association des vues et des intérêts dans la région, elle devient forcément aussitôt génératrice de la troisième Unité essentielle : l'*Unité Politique*, représentée par la *Commune* traduisant le sentiment intime de la population. Or, ne sont-ils pas légions, les bons esprits qui ont depuis longtemps reconnu combien il devenait de plus en plus indispensable de mettre enfin celle-ci à l'abri de la tutelle de l'Etat.

« Unité Politique au premier degré, dit M. de Lantivy de Trédion, la Commune est par excellence la société des familles et des ateliers groupés par un lien administratif sur un territoire déterminé ». — Eh oui ! Elle constitue la première base administrative du Pays et de la Région ; et de même que l'*autonomie morale* de celle-ci est apparue comme indispensable aux deux premières Unités sociales, la *Famille* et l'*Atelier*, de même apparaît aussitôt avec la *Commune* la nécessité de l'*autonomie administrative* dans la Région.

Il est plus que jamais dans l'esprit de tous que si l'intérêt national « exige qu'entre la Commune et l'Etat il y ait échange de services, rien ne saurait par contre, comme le proclame encore M. de Lantivy, excuser la tyrannie de l'Etat sur l'Unité Politique ». — A part un certain droit de contrôle, d'ordre général et en matière financière, de l'Etat sur la région et de la Région sur la Commune, l'une comme l'autre doivent demeurer *maîtresses d'elles-mêmes* et pouvoir régler leurs affaires comme bon leur remble. — « Il est évident que cette autonomie comporte dès lors la reconnaissance et la sauvegarde absolue de tous les droits des parents comme éducateurs, de tous les travailleurs au point de vue corporatif, comme ceux des contribuables sur l'administration des deniers publics ».

C'est ainsi seulement que se peut concevoir la *vraie liberté,* la liberté dans et par l'*autonomie régionale.* Et puisque depuis plus d'un siècle on ne cesse de la promettre au Pays et de la proclamer comme la chose la plus éminemment désirable, sans avoir jamais pu encore nous y faire goûter, il serait temps de renoncer quelque peu aux chimères pour rentrer dans le domaine pratique des réalités. L'existence réelle des Régions comme celle des Communes qui en sont les cellules, ne peut fonctionner que si elles demeurent libres de fixer elles-mêmes les règles de leur vie et de leur organisation et de disposer de leurs ressources en se les appliquant à elles-mêmes, sans attendre le bon plaisir ou en quelque sorte l'aumône de l'Etat, sous forme de subventions ou d'allocations. — Et nous le disons ici : Nous estimons très nettement pour notre part, que l'œuvre de notre réfection nationale ne se pourra faire tant que le Peuple Francais ne voudra point comprendre : que son seul moyen de salut est de rentrer dans cette voie ; que la vie factice au milieu de laquelle il s'agite ne lui procurera jamais la sécurité du lendemain et que pour redevenir lui-même et mettre en complète valeur ses innombrables ressources comme ses merveilleuses qualités, il doit s'assurer tout d'abord la libre disposition de toutes ses forces matérielles et morales, de tous ses moyens d'action.

Les Français ne redeviendront véritablement eux-mêmes, que quand, suivant l'expression du regretté Henri Cellérier, dans sa *Politique Fédéraliste*, « ils cesseront d'être des *administrés*, pour redevenir des citoyens possédant la libre administration de leurs Communes, de leurs Provinces, de leurs professions et de leurs associations de toutes sortes ».

Si donc, on veut réellement réorganiser la France, pour lui permettre de revivre, on ne saurait se contenter d'une *parodie de décentralisation*. Il faut rendre aux Régions et aux Assemblées Régionales qui en seront l'émanation, les droits dont l'Etat s'est emparé induement et leur donner toute liberté de les exercer dans leur plénitude, et à l'abri de toute bureaucratie d'Etat.

Contrairement aux assertions des nantis ou des trembleurs, la constitution des Régions avec de tels droits n'est à aucun titre une atteinte à l'*Unité nationale ;* mais elle serait tout simplement la fin d'une unification niveleuse, improductive et paralysante pour l'ensemble de la Nation, comme pour chacune de ses parties et qui ne constitue pour elle qu'une sorte de poids mort dont elle souffre depuis plus d'un siècle et qu'elle est incapable de vivifier. Tous les esprits clairvoyants, tous les gens qui raisonnent comprennent et sentent bien cette nécessité ; beaucoup se rendent compte qu'avec la tyrannie administrative, les Français sont traités en somme comme un *Pays conquis.* Mais l'effroyable cataclysme engendré par la guerre de 1914 a produit un tel remous que les idées les plus tassées apparaissent aujourd'hui à la surface du flot des réalités vivantes. L'après-guerre commence à hanter maints cerveaux et à tourmenter les esprits. — Que sera Demain ? Le pays tout entier sera-t-il condamné encore à végéter au jour le jour au milieu du chaos administratif ; livré pieds et poings liés aux soubresauts des crises économiques et financières ; à demeurer la proie des passions politiques. — Après tant de lassitudes, tant d'expériences vaines, de blessures encore béantes et de souffrances accumulées, on peut affirmer aisément qu'il ne pourra s'y faire, ni s'y résigner à nouveau.

Déjà dans tous les milieux, on peut avoir cette impression très nette qu'il cherche sa voie, et qu'à la faveur des événements, ses sentiments et ses conceptions se sont profondément modifiés. — Au lendemain de la guerre, la Nation ressentira plus que jamais, l'impérieux besoin de redevenir elle-même, et de se reconstituer. — Il appartient aux Régionalistes, à tous ceux qui connaissent son histoire, et ont, profondément gravés dans leur cœur, l'amour de la Patrie et le souvenir de ses gloires passées, de lui indiquer la voie du salut et de la résurrection en lui montrant que plus les *Petites Patries* redeviendront grandes et fortes, plus sera puissante et glorieuse notre admirable France.

CRÉATION

ET

ORGANISATION DES RÉGIONS

Il y a quelque trois ans, avant la terrible guerre qui ébranle toutes les nations et dont nous souffrons si cruellement, on entendait dire, un peu partout, que l'*Idée régionaliste* faisait chaque jour de nouveaux progrès. La paralysie générale qu'une centralisation excessive, mise trop souvent au service des besoins politiques, semblait de plus en plus imposer à la France, lui amenait en quelque sorte chaque jour de nouveaux adhérents, surgissant çà et là de cette foule d'esprits clairvoyants ou pondérés, peu soucieux de se laisser emprisonner dans les mailles du filet oppresseur de la centralisation. Les efforts de nos Sociétés régionalistes de plus en plus nombreuses sur tous les points du territoire, les multiples conférences, l'utile propagande des précurseurs régionalistes, avaient déjà produit un peu partout de féconds résultats, et le vieil et sain esprit provincial commençait à apparaître comme un moyen de salut désirable, à nombre de bons Français qui, dix ans plus tôt, haussaient les épaules devant le simple énoncé du mot

Régionalisme qui leur apparaissait alors comme une menace de retour à la barbarie

Aujourd'hui, à la lumière des événements qui sont venus dessiller bien des yeux et dissiper maintes illusions que l'on croyait irréductibles, ce n'est plus l'*Idée régionaliste* qui est en marche, c'est *le besoin du Régionalisme* qui commence à tenailler tous les esprits et ils sont devenus légion ceux qui, spontanément, reconnaissent ou proclament qu'au lendemain des bouleversements subis, va surgir une ère nouvelle qui appelle forcément et de toute nécessité une réorganisation du Pays, à l'encontre des organisations anciennes, devenues impuissantes, des vieux cadres administratifs, rendus inutilisables et qu'il faudra impitoyablement briser.

Ainsi donc se trouve reconnue l'absolue nécessité du *Régionalisme* et de l'*Organisation régionale.* Mais s'il est assez facile de s'en rendre compte, il est plus malaisé de la créer.

Aussi bien s'il n'est pas commode de découvrir tout de suite tous les rouages vitaux d'une Nation et de savoir les coordonner et les adapter suffisamment les uns aux autres pour les mettre en harmonie avec ses besoins ; encore serait-il plus impraticable d'essayer de lui redonner une vie nouvelle, un réel essor, en s'imaginant que par une sorte de retapage, l'on peut, sous le masque de prétendues réformes, se contenter d'adapter certaines d'entre elles, si bien étudiées et façonnées soient elles, à la vieille machine détraquée et usée.

Que si les multiples aspects du Régionalisme ont été déjà maintes fois étudiés et envisagés par les plus compétents spécialistes, et si les investigations savantes et approfondies dont ils ont été l'objet ont fort utilement mis en lumière les caractères et les modes d'utilisation pratique de ces différents rouages, tout cela ne nous a point donné encore, comme l'a dit avec raison l'éminent maître Ch. Brun : *la clef de la réforme*, le pivot sur lequel doivent se venir monter et brancher tous les éléments de la vie Régionale.

C'est que là, sous la très puissante influence d'habitudes séculaires et la pression de multiples intérêts privés, se nichent et se cramponnent des opinions contradictoires, des vues complètement opposées qui, jusqu'à ce jour, n'ont point permis à la grande majorité des régionalistes de se ranger en bataillons serrés derrière cette base, autour de ce point de départ pourtant indispensable.

Il est un vieux proverbe qui déclare qu'en toutes choses : « Il faut toujours commencer par le commencement ». Ce fut toujours notre humble avis, et quand nous vîmes, il y a quelques années, le Parlement tenter, en d'interminables parlottes, d'instaurer la réforme électorale, espérant, disaient alors nombre de ses fervents adeptes, que ses élus arriveraient ainsi à engendrer tout naturellement et comme conséquences, les réformes administratives et régionales attendues, cela nous fit tout simplement l'effet d'un cultivateur improvisé (il s'en trouve par ce temps de guerre) qui, pour labourer son champ, s'efforcerait de faire marcher sa charrue avant ses bœufs.

Il en va de même du Régionalisme, et c'est

tout simplement tenter d'animer des chimères que de s'employer à faire vivre des réformes, dites : *Régionales*, sans *la Région* : non pas seulement parce que l'on ne peut pas encadrer un tableau sans cadre, mais tout bonnement parce que ce n'est pas à l'Etat centralisateur, qui du reste est incapable de le comprendre et d'y parvenir, qu'il appartient, en se suicidant lui-même, d'organiser la région selon ses besoins et de lui donner la vie. Seules, en effet, les régions sont aptes à *s'organiser elles-mêmes*, suivant leur tempérament et leur caractère, leurs affinités et leurs besoins divers, leurs aspirations et leurs traditions, leur climat et leurs moyens d'action, et à les mettre ensuite en coordination et en harmonie avec les besoins de l'Etat, de la plus grande Patrie.

Ce n'est, à notre avis, qu'en partant de ce principe fondamental que la réorganisation régionale pourra se faire, que le Pays pourra vraiment revivre ; que la France, redevenue elle-même dans toutes ses parties, trouvera à sa prospérité un nouvel essor.

Oui ! Mais c'est alors que tout aussitôt nous sommes arrêtés par un : halte-là ! formidable et une angoissante interrogation.

Si tel est le point de départ qui s'impose, comment va-t-on créer ces Régions ? — Va-t-on les organiser de toutes pièces ou bien utiliser tout ou partie des subdivisions territoriales déjà existantes ?

Avec le maître Le Play, nous reconnaissons que c'est là « un des problèmes les plus épineux de notre réforme sociale ». — Mais est-il insoluble ? Assurément non.

Alors sur quoi se baser pour le résoudre et comment y parvenir ?

Pour nous, nous avons toujours pensé que la vitalité et la force d'un Pays n'existaient et ne pouvaient se manifester qu'en raison directe de son tempérament ethnique, de ses traditions, de ses besoins et de ses moyens d'action économique. Ces facteurs nous ont toujours semblé les bases essentielles de tout groupement quel qu'il soit.

Eux seuls constituent réellement les fondations indispensables de la construction nouvelle, et comme, sauf de très rares exceptions, elles sont presque toujours en opposition complète avec nos anciens cadres territoriaux, c'est vous dire, qu'à notre avis, la plupart de ceux-ci ne sauraient être utilement et pratiquement conservés.

« La Région, disait en 1901, M. de Marans, au Congrès de Toulouse, existe déjà à l'état virtuel, en ce sens qu'il existe une mentalité régionale et un système régional d'intérêts et d'aspirations ». — « Sans revenir partout aux anciennes provinces, les unes trop étendues, les autres trop petites, ajoutait avec raison en 1910, dans le *Petit Provençal*, M. Pierre Roux, elles doivent former tout de même la base des futurs découpages ». Ce sont là, assurément, des principes dont il faut s'inspirer ; mais si, je le répète, l'on comprend la nécessité de commencer par le commencement, c'est-à-dire : si l'on jette, *à priori*, un coup d'œil sur la géologie et la géographie physique de la France, sur son ethnographie et ses divisions historiques, sur ses productions agricoles et industrielles, sur ses relations commerciales et ses centres d'attraction, sur ses groupements naturels ou prépondérants, on ne peut s'empêcher de constater que la France se compose avant tout d'un assez grand nombre de *Pays* divers, qu'aucune force étatiste ou administrative ne saurait faire disparaître et qui sont composés à leur tour d'un certain nombre de cellules dénommées jadis les *Paroisses* et de nos jours les *Communes*.

La *Commune* nous apparaît donc comme la première base essentielle de groupement, la cellule type, berceau et premier foyer de la vie locale où se manifestent ses premiers besoins comme ses diverses tendances ; ensemble naturel de foyers et de métiers, de familles et de corps d'états. C'est là le premier rouage essentiel que presque tous les régionalistes sont d'accord à conserver et à reconnaître indispensable, et comme le proclamait DE BONALD : l'unité primordiale et génératrice.

Mais trop faibles pour se défendre et agir efficacement elles-mêmes en dehors d'un rayon fort restreint, les Communes ont de tout temps senti la nécessité de vivre et d'agir de concert avec leurs voisines ayant les mêmes sentiments, les mêmes intérêts et des besoins analogues. Et c'est pour cela qu'est apparue la nécessité de créer et organiser le *Canton* qui embrasse un certain nombre d'entre elles.

Nous ne nierons point les très grands et réels services rendus depuis un siècle par cette division territoriale passée dans nos habitudes, et qui, même parmi les Régionalistes, ne rencontre que peu d'adversaires. Mais pour nous, Régionalistes intégraux, qui ne pouvons voir sans regrets ou tristesse tout fractionnement ou découpage *arbitraire*, nous sommes obligés de constater que si la formation de certains d'entre eux a répondu assez bien aux besoins du Pays, il en est par contre un grand nombre qui, constitués arbitrairement, astreignent à une commune coopération des Communes dont les intérêts sont diamétralement opposés, ou dont la conformation bizarre sacrifie trop souvent les intérêts de Communes fort éloignées du chef-lieu, ou de mœurs et même de langue différentes. « Les Communes d'un même Canton, a dit fort justement M. Paul Deschanel, dans son ouvrage sur la *Décentralisation*, n'ont point toujours les mêmes affinités, les mêmes intérêts et, réciproquement, des Communes de Cantons différents peuvent avoir des intérêts communs ». De plus, leur nombre considérable, qui maintes fois déjà a paru excessif avec notre organisation actuelle, ne serait-il pas bien plus encore une source de complications inutiles ou même parfois de difficultés réelles pour l'organisation régionale.

Selon nous, au-dessus de la Commune, il existe un groupement naturel qui s'impose et auquel, du reste, nous ne verrions aucun inconvénient à attribuer la dénomination de *Canton*, parce que celui-ci, transformé et élargi, répondrait alors à une *réalité*.

C'est le *Pays* (Pagus).

« Le Canton, disait dernièrement M. Hennessy, ne groupe que quelques Communes et s'il paraît cependant trop grand pour absorber toute la vie communale, il est bien petit pour discuter des intérêts généraux des Communes ».

Il n'en est point ainsi du *Pays*, généralement plus grand que le Canton et parfois un peu moins grand que l'Arrondissement. Son admission comme division territoriale aurait le très grand avantage de rendre au *premier* sa force et sa valeur réelle et de supprimer le *second* qui, par son peu d'utilité, a su se créer tant d'adversaires. Image la plus fidèle, la plus parfaite du caractère et du tempérament des populations, véritable et naturel interprète de leur situation économique, de leur mentalité et de leurs besoins, il constituerait de plus *dans la région*, formée dès lors d'un certain nombre de *Pays*, le seul échelon nécessaire au point de vue réprésentatif pour la constitution des *Assemblées régionales* ou *Etats*, chargées de la défense et de la gestion de tous les intérêts moraux et administratifs de la *Région*.

Ainsi donc, pour nous, nous ne saurions comprendre les Régions organisées, que débarrassées du cadre actuel des départements et des arrondissements et n'ayant sur leur territoire que deux cellules ou divisions territoriales :

1° La *Commune*, à la base ;

2° Les *Pays* ou *Cantons* élargis, correspondant aux *Pays*.

Ainsi, seulement, la France dans son ensemble redeviendrait véritablement elle-même ; et comme conséquences, au point de vue représentatif, nous envisagerions :

1° Une *Assemblée communale* réglant les affaires de la *Commune* ;

2° Une *Assemblée régionale*, administrant et gouvernant la *Région* avec un *Conseil territorial* ou des *Cantons* (le nom importe peu), composé d'un délégué de chaque *Pays*, désigné par elle pour former ce Conseil territorial, destiné à servir de lien entre l'Assemblée communale et l'Assemblée régionale, qui déterminerait ses pouvoirs et dont il serait l'intermédiaire naturel et en quelque sorte l'agent d'exécution.

Et, tandis qu'il suffirait que l'*Assemblée Régionale* ou *Etats* se réunisse deux fois par an, en de courtes sessions, le *Conseil Territorial* pourrait et devrait même se réunir dans les Chefs-lieux de *Pays* aussi souvent qu'il serait nécessaire.

Ainsi se trouverait organisée la Région, dont nous n'examinerons pas ici les rapports avec le Pouvoir central ou *Etat* et son représentant : *Préfet* ou *Gouverneur de la Région ;* laissant de côté également ses rapports avec l'*Assemblée Nationale*, que nous voudrions voir, pour notre part, très restreinte et élue au second degré par les *Assemblées régionales* ; — ces questions devant être étudiées dans d'autres mémoires.

Nous venons d'envisager les cadres essentiels, le point de départ de l'organisation régionale ; il nous reste à exposer quel est, à notre avis, le seul moyen pratique d'arriver à créer ces régions ; comment elles pourraient naître ; qui est qualifié pour en prendre l'initiative ?

Certains régionalistes comme M. HENNESSY voudraient les voir surgir d'une loi prenant pour base les principaux groupements économiques du Pays et les grands centres d'attraction industrielle et commerciale. — D'autres, plus nombreux, et notamment M. DE LANTIVY-TRÉDION, auteur du remarquable ouvrage : *Vers une Bretagne organisée*, voudraient voir leur constitution s'établir autour ou à la faveur des syndicats, des corporations ou de certaines institutions, et aidée par les traditions locales et le groupement des besoins économiques.

Ce moyen naturel, cette régionalisation spontanée, encore qu'elle pourrait peut-être donner des résultats appréciables, aurait pour inévitable conséquence d'exiger bien du temps et d'ajourner à une époque aussi *indéterminée qu'incertaine*, une réforme qui s'impose de toute urgence pour les heures capitales de l'après-guerre, pour ce *demain* dont dépendra l'avenir du Pays.

Nous estimons, nous, qu'il faut que sous l'impulsion et la force de l'opinion publique, qui réclame cette décentralisation, le Pouvoir central comprenne qu'il est de son devoir d'en prendre l'initiative et la sollicite en faisant, au besoin, ratifier celle-ci par une loi dont l'objet ne doit pas être la *Réforme elle-même*, mais la *décision* d'y procéder.

Et nous rapprochant quelque peu en cela du projet HENNESSY, dont la suggestion à cet égard nous paraît excellente, nous voudrions voir décréter ceci :

Une Commission de 15 membres choisis en

dehors du Parlement et des Fonctionnaires, parmi les géographes, les historiens, les grands industriels, agriculteurs et économistes du Pays, serait nommée par le Gouvernement, pour déterminer le nombre et la délimitation des Régions qui doivent êtres formées sur l'ensemble du Territoire français. Cette Commission, après avoir dressé soigneusement la carte des *Pays* de France, fixerait dans un délai de six mois, après enquête auprès des Groupements professionnels : Syndicats, Associations, Chambres de Commerce, etc., les grands centres d'attraction, naturellement appelés à grouper autour d'eux un certain nombre de *Pays* qui constitueraient les *Régions*, en tenant compte, autant que possible, de leurs traditions historiques et de leur développement économique. Ces groupements de *Pays* constitués formeraient les *Régions*, dont le tableau de répartition serait immédiatement affiché dans toutes les communes. Et, pendant les trois mois qui suivraient cet affichage du tableau de ces groupements dans toutes les mairies, celles-ci y recevraient, dans une sorte d'enquête consultative, les doléances des *Communes* ou *Pays* qui voudraient réclamer pour ou contre leur rattachement à tel ou tel groupement, c'est-à-dire à telle ou telle *Région*. — Dans les trois mois suivants, la Commission à laquelle pourraient être adjoints alors 6 membres du Conseil d'Etat, ayant examiné et tranché souverainement tous les différents, la répartition des Régions, *ne varietur*, serait publiée au *Journal Officiel* et affichée dans toutes les communes de France.

Ainsi créées, ces *Régions* éliraient ensuite par *Pays*, au suffrage universel, un nombre de représentants fixé proportionnellement au chiffre de la population de ceux-ci et destinés à former les *Assemblées régionales*, lesquelles, dès lors, constitueraient ensuite souverainement les rouages de leur existence et l'administration de leur territoire et formeraient leur *Conseil territorial*.

Telle est la manière dont nous aimerions voir envisager l'organisation et la *Création* des Régions. — Tel serait, selon nous, le moyen d'aboutir à une vraie décentralisation, à l'autonomie morale et administrative de nos régions, si ardemment désirée par une foule de bons Français.

NÉCESSITÉ

DE

L'ÉDUCATION RÉGIONALISTE

Dans les quelques chapitres que nous avons précédemment consacrés au *Régionalisme* vers lequel s'oriente de plus en plus une foule d'économistes et de penseurs, nous avons voulu seulement essayer de démontrer sa nécessité, déterminer ses véritables caractères, nous efforcer de faire comprendre qu'il ne saurait y avoir de vraie décentralisation en dehors d'une réorganisation régionale complète ; de montrer que l'autonomie administrative des régions demeurait la raison d'être primordiale de leur existence et la condition essentielle de leur vie ; puis, d'exposer enfin, comment il était possible d'arriver à la réorganisation régionale de la France, et quelles devaient être les bases de cette réorganisation ainsi que les principes qui devaient présider à cette rénovation du Pays.

Que si nous voulions traiter à fond toutes les questions qui se rattachent au Régionalisme et envisager tous les côtés de ce vaste problème, il nous serait aisé d'ajouter plusieurs chapitres à cette étude. Mais nous n'avons nullement eu la prétention d'y faire en quelque sorte du *Régiona-*

lisme appliqué et d'examiner ici toutes les conséquences de l'organisation nouvelle.

Une étude approfondie sur cette vaste question n'appellerait-elle pas, par exemple, des chapitres sur : le *Régionalisme et l'Organisation judiciaire ;* — Le *Régionalisme et l'Administration financière des Régions ;* — Le *Régionalisme et l'Enseignement public ;* — Le *Régionalisme et l Organisation professionnelle ;* — *Les Conséquences Economiques de l'Organisation Régionale* ; — *etc.., etc...*

Notre but a été plus modeste et nous n'avons voulu tenter que la mise en lumière des idées maîtresses et des bases essentielles sur lesquelles doit avant tout s'appuyer la réorganisation de la France de demain.

Et nous considérerions comme terminée notre tâche, si nous n'étions constamment hanté par cette idée combien préoccupante : la mentalité du Pays est-elle *adéquate* à cette réforme capitale ? — autrement dit : la France, accablée par tant d'épreuves, instruite par l'expérience du passé, tourmentée par l'impérieux besoin de réorganiser sa vie intérieure et de voguer vers un avenir meilleur, est-elle dans un état d'esprit tel, qu'elle puisse comprendre tout de suite après la guerre l'urgente nécessité de sa réorganisation provinciale et s'appliquer à y procéder sans retard ?

Nous l'avons proclamé déja : Il est incontestable qu'une irrésistible mouvement d'opinion entraîne de plus en plus non seulement tous ceux qui raisonnent, mais une bonne partie des masses vers le régionalisme. — Mais ce besoin que la plupart sentent fort bien, demeure encore insuffisamment compris et la constatation de cet état d'esprit dans bien des milieux, ne nous permet pas de répondre encore comme nous le souhaiterions ardemment, par un *Oui* absolument affirmatif à la question que nous posions tout à l'heure.

Pourquoi ?

Parce que toute mentalité nouvelle et surtout toute mentalité admettant des modifications profondes dans la vie sociale, un changement considérable dans les habitudes, ne s'implante que fort lentement et difficilement dans les milieux ayant déjà vécu d'une autre vie, dans les esprits où, dès leur éveil, l'on a semé à profusion des doctrines absolument différentes et fait germer des tendances diametralement opposées.

Et c'est pour cela que notre modeste étude nous paraîtrait incomplète, si nous n'y ajoutions, comme une *conclusion qui s'impose*, cette affirmation que l'introduction du sentiment régionaliste dans l'*éducation primaire*, demeure et doit être l'une des conditions *primordiales et indispensables* pour atteindre le but rêvé.

Nous l'avons dit déjà et nous ne saurions trop le répéter : L'éducation *antirégionaliste* est nettement hostile à la terre et souvent au foyer ; elle est la source première d'où découlent tous les désirs et toutes les idées néfastes qui incitent à l'abandon et à la désaffection du coin de terre où l'on est né. En dégoûtant l'enfant de son milieu et de ses traditions, elle le prépare pour le cosmopolitisme et altère de bonne heure en lui, quand parfois même elle ne la détruit pas, l'*idée sublime de la Patrie* qui devrait, au contraire, lui apparaître dès l'enfance comme le *suprême idéal.*

Elle demeure aussi, et nous ne saurions trop y revenir, la principale cause génératrice de cette dépopulation des campagnes qui conduirait rapidement notre Pays à sa ruine, si, après la paix, après les hécatombes de la guerre, les mesures les plus énergiques n'étaient prises pour la sérieusement enrayer.

Voilà-pourquoi, à la fin de ce travail, nous croyons devoir rappeler encore ce que nous n'avons jamais cessé de dire à cet égard : ce que neus regardions comme un devoir de proclamer à la Tribune du Parlement en 1911 ; ce que doit méditer et réclamer tout régionaliste patriote : « Il faut que dans toutes nos écoles, quelles qu'elles soient, la base de toute éducation primaire, soit l'inculquation du sentiment régionaliste chez l'enfant, l'inspiration d'un ardent amour de sa terre, de ses traditions, de son foyer, pour qu'il puisse comprendre, toujours apprécier et de plus en plus aimer la beauté de sa patrie. »

Le sentiment régionaliste doit devenir le flambeau luminenx éclairant tout foyer naissant et guidant les pas encore incertains de l'enfant, du jeune homme et de la jeune fille.

Trop longtemps, hélas ! et encore à l'heure actuelle, nous sommes demeurés fort loin de ces salutaires principes, de ce terrain rêvé.

Qui d'entre nous, au contraire, n'a pu constater trop souvent l'antirégionalisme des masses paysannes, leur désaffection sinon leur aversion ou même leur mépris du foyer et du métier ancestral, amenant cet abandon progressif de nos campagnes, ces émigrations quotidiennes et les douloureuses conséquences qu'elles entraînent.

Jadis dans nos villages, quels que fussent les éducateurs ou les méthodes d'instruction, le maître, tout en enseignant l'enfant, ne cherchait point à le détourner ni le dégoûter de son milieu, de ses traditions et de son village. S'il remarquait une intelligence plus éveillée que les autres, il lui consacrait plus particulièrement ses soins ; en dehors de l'instruction proprement dite, donnée aux enfants, l'éducation se faisait surtout en vue du milieu social, des habitudes locales au sein desquels devait s'écouler l'existence de l'élève. Il savait faire pousser dans son cœur, et dans sa jeune intelligence, les racines qui devaient le retenir et l'attacher profondément à sa paroisse et à son foyer et c'était là une excellente méthode d'enseignement régionaliste.

Il me souvient encore ; — étant de ceux qui apprirent à lire il y a plus de cinquante ans avec un modeste instituteur laïque de village, — de l'attitude, des conseils de ce vieil instituteur de la petite commune bretonne de Massérac, l'honorable M. Hervy, disant aux petits paysans et aux fils d'ouvriers qui travaillaient avec moi : « Travaillez bien, mes enfants, mais surtout devenez des hommes dignes de votre père et soucieux d'utiliser vos connaissances en vue de lui faire honneur et de perfectionner les cultures avec lesquelles il vous fait vivre ou le métier qu'il exerce pour rendre service à ses concitoyens. —

Quant à vous, ajoutait-il, en s'adressant à moi : si je savais que vous ne dussiez pas un jour regarder tous ces enfants, vos camarades, comme des frères et profiter de votre situation pour les aider et les protéger, je vous dirais tout de suite : retournez chez vos parents ; demandez-leur de vous faire apprendre comme ceux-ci un métier, afin que vous sachiez, vous aussi, toute la valeur et la noblesse du travail et combien il importe de n'entrer dans la vie qu'en vue de continuer avant tout les traditions des siens ».

Belles et nobles paroles qui savaient se graver profondément pour leur plus grand bien, dans la mémoire et le cœur des enfants.

Il n'en est plus de même, hélas ! aujourd'hui ; et dans maintes écoles, — non pas, en général, au cours même de l'enseignement donné, mais en certaines occasions, en dehors des classes, pendant les récréations, dans les relations de maître à élèves et des maîtres avec les familles, on ne semble s'appliquer qu'à persuader aux fils de nos laboureurs et de nos artisans, qu'ils méritent mieux que la ferme où vivent leur parents, où l'atelier où travaille leur père. En maints endroits, avant la guerre actuelle, on leur inculquait peu à peu (sans peut-être bien se rendre compte du mal ainsi accompli), par l'exaltation exagérée d'un prétendu bien-être qu'on faisait miroiter à leurs yeux, et de connaissances qu'on leur présentait (combien faussement hélas)), comme susceptibles de leur ouvrir toutes les portes et de leur procurer toutes les places, une sorte de mépris de la terre et du travail familial.

Or, une telle mentalité n'est-elle pas précisément aux antipodes de l'idée et de l'esprit régionaliste ? Et la première des méthodes d'enseignement qu'il importe de préconiser auprès des éducateurs de nos classes rurales, ne doit elle pas consister surtout à leur inculquer au contraire l'amour de leur cher clocher, l'affection du Pays ancestral et par dessus tout le désir d'y rester.

Et pour atteindre ce but, n'est-ce pas en apprenant à nos enfants l'histoire de leur région, en leur faisant largement apprécier les beautés, les ressources et la noblesse de leurs traditions, que l'on réussira à leur inspirer de bonne heure cet amour de la petite Patrie qui fera d'eux des régionalistes fervents, soucieux de continuer dans leur pays d'origine le passé de travail et d'honneur de leurs ancêtres

C'est ainsi que naîtra et gagnera de proche en proche cette mentalité régionaliste que nous ouhaitons voir devenir celle de tout patriote, de tout bon Français.

Plus que jamais alors, les populations rurales qui forment la masse de la Nation, profondément éprises de leur terroir, saisiront tout le prix des libertés provinciales. Elles auront hâte de les reconquérir et de vivre la vie de leur propre pays, d'en tirer tout le perti possible et de s'en faire honneur, au bénéfice de l'ensemble de la Nation dont elles viendront ainsi chaque jour augmenter le patrimoine économique. L'impérieux besoin de leur autonomie administrative leur aura tôt commandé de briser cette camisole de force qu'est notre régime administratif actuel. Alors aussi, renonçant à sa course folle aux mille emplois du fonctionnarisme et fuyant le mirage trompeur des cités la foule de nos paysans et de nos paysannes comprendra bien vite que la plus élémentaire sagesse comme aussi le souci de son véritable bien-être, lui conseillent avant tout de rester au pays et d'y vivre la vie de son milieu.

L'organisation de nos régions sera d'autant facilitée alors, qu'elles auront récupéré ou conserveront à peu près intacts tous les éléments vitaux qui leur sont nécessaires. Dès l'instant où chacun saura mieux demeurer à sa place, l'on n'entendra plus dans nombre de nos campagnes comme dans nos bourgs et dans nos villages, ce même cri de détresse, ces mêmes doléances qui retentissaient partout avant la guerre et qu'il faut éviter à tout prix : « Il n'y a plus de journaliers ni d'ouvriers agricoles ; bientôt il n'y aura plus de fermiers. On ne peut plus trouver dans nos bourgs d'ouvriers de métiers et la vie devient aussi dure qu'impossible ».

La rénovation provinciale comporte donc aussi et fait apparaître comme indispensable une mentalité nouvelle qui ne peut se développer et se fixer réellement que dans l'esprit des jeunes générations où il importe par-dessus tout de la cultiver. C'est à la *famille* et surtout à l'*école* qu'incombe la tâche de remplir cette noble mission et ce patriotique devoir. Mais il importe aussi à tous ceux qu ont charge d'âmes ou d'éducation, de comprendre qu'il ne suffit pas, comme nous le disions au Parlement en 1911, de développer d'une façon théorique des principes et des idées générales, même dans des cours aussi bien préparés que professés. Il faut obtenir que l'enfant prenne de bonne heure *le goût et l'amour* du métier qu'il doit exercer ; qu'il soit imprégné de ce sentiment qu'en l'exerçant dans le pays et le milieu où il vit, il remplit lui aussi sa tâche terrestre et la mission qu'il doit accomplir, non seulement en vue des besoins de son existence et de son avenir personnel, mais aussi en songeant à l'appoint de bien-être et de moralité qu'il apporte ainsi à la collectivité et auquel il a le devoir de collaborer. S'il ne parvenait pas à être pénétré de ces sentiments, tous les enseignements professionnels ou autres qu'on lui aurait donnés à cet égard resteraient pour lui lettre morte. Et l'on ne sait que trop, hélas ! combien lamentables et douloureuses ont été trop souvent les conséquences de cette éducation antirégionaliste, où le plus bas égoïsme, le désir effréné, suivant une formule trop souvent répétée de *vivre sa vie*, le mépris de tout principe et de tout idéal, ont conduit d'innombrables malheureux, devenus la proie des gouffres de nos villes.

Il appartient dès lors aux apôtres de l'Idée régionaliste de combattre sans trêve un pareil fléau, et quoi qu'on fasse, si l'on n'attaque pas le mal dans sa racine, tous les autres moyens d'action seront vains. Il importe que les éducateurs du peuple quels qu'ils soient, à quelque école qu'ils appartiennent, s'appliquent à inspirer aux enfants l'*amour du foyer* et *de la terre*, le *respect des traditions de la famille* et le *désir de les continuer*, en utilisant leurs connaissances pour *améliorer et développer* le *patrimoine national* et non pour le *déserter*.

TABLE DES MATIÈRES

Vannes. — Imprimerie du Commerce

www.ingramcontent.com/pod-product-compliance
Ingram Content Group UK Ltd.
Pitfield, Milton Keynes, MK11 3LW, UK
UKHW021515260726
13993UKWH00004B/1683

9 782329 454399